JN438563

마음, 쉬어가는 자리

廈象 신영학 제7시집

도서출판 채운재

| 머리말 |

숱한 봄을 그리고 가을을 맞았지만 올처럼 아름다워 보인 적이 있었던가! 세월은 머무는 일 없이 바람처럼 스치고 지나간다.

우리가 살아가는 마당 참 좋기도 한데 일생을 어떻게 살아야 할 것인지 알듯도 한데 내려놓자니 오랫동안 지어 놓은 인연의 거미줄에 걸리고 그냥 가자 하니 번뇌와 망상의 덫으로 걸리고 여기 두 마리 말을 조화롭게 조련할 방법은 없는가!

이 세상은 지식과 물질과 명예라는 허구에 너무 많이 마음을 빼앗겨 버렸다. 그러니 행복으로부터 멀어져가 버렸다

몸과 마음은 둘로 나뉘어 있으면서 하나를 이룬다

마음이 번다하여 곤하면 몸도 따라서 곤하여지기 마련이니 더 가지려는 마음, 노여워하는 마음, 모든 일과 사물의 본질을 깨닫지 못하는 어리석은 마음으로 하여금 고통과 더불어 짓눌리는 무게가 느껴지거든 주저하지 말고 내려놓아야 한다. 절대로 완고한 어리석으므로 붙들려 있어서는 아니 된다.

그리고, 만사만물과 함께 우리의 몸과 마음의 참 주인이신 그분에게 공손히 맡겨 드려야 한다.

이에 반하면 우리가 지닌 형상은 병들어 쉬이 허물어지고 만다.

임(臨)하소서

돌보다 더 굳고
큰 산처럼 움직일 줄 모르는
완고(頑固)함을
어서 거두어 주소서

선물로 주신 모든 인연(因緣)들에
제가 아는 것만으로
아픈 상처 입힌 일들을
용서(容恕)받게 하소서

저의 잣대로
남을 판단하고 해석하지 말게 하시며
절대로 화(禍)내지 말게 하시고
어리석은 완고함을 어서 내려놓게 하소서

눈은 부드러우며
귀는 순(順)함으로
입은 웃는 도구로만 쓰이게 해 주시며
끝내는 화(禍)내지 말게 하소서.

마음이다.
오르지 마음이다.
마음의 평화와 기쁨이 가득하여 지기를 바라는 마음으로
나를 다스리려는 마음을 적어 실는다.
온 누리를 축복한다.

| 차례 |

제2부 | 조화(調和)

제 3 부 | 추억(追憶)

제4부 | 여정(旅程)

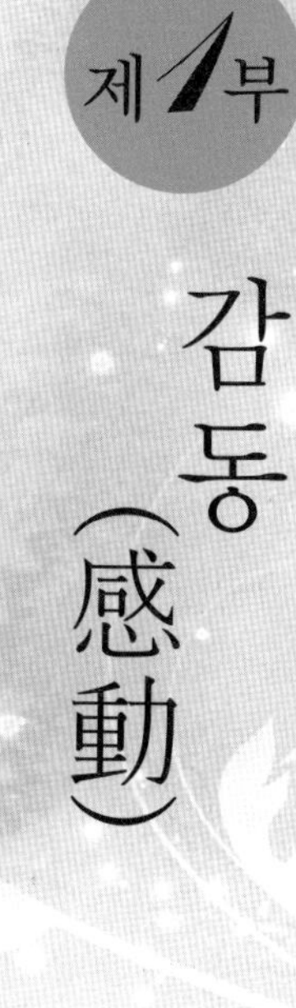

제1부

감동(感動)

기적 같은 순간

하루가 저물어
노을이 고운 시방
하루를 살은 시방
참, 감사(感謝)합니다

날 지은 님 아니시면
단 한숨인들 쉴 수 있을까!
기적(奇跡)입니다
자비(慈悲)입니다

감동(感動)으로
눈물이 흘러서
감사(感謝)드리는 이 순간
참, 고요한 순간(瞬間)입니다

숨소리를 듣습니다
은총(恩寵)으로 이어지는
들숨소리 쿵쾅
날숨소리 쿵쾅

감동(感動)

"늙으신 부모님
온기 살아 있을 적에
한 번이라도 더 만져 봐야지." 하는
친구의 말 한마디에
눈물이 주르르 흐른다
그렇지

홀로 왔다가
서로 만나 한 참을 사는듯하다가는
도로 훌쩍 가버리는데
보고 싶어 부를 적마다 늘 그자리 있을 줄 아니
시방은 살아 있으니
그래, 참 좋다.

길 따라

아주 큰 소리는
귀로 들을 수도 없고

아주 큰 모양은
눈으로 볼 수도 없네

이 몸뚱어리로는
들을 수도 볼 수도 없으니

구름 따라가오
물을 따라가오.

참 보시기 좋겠네

하늘 위의 하늘처럼
청정(淸淨)한 마음을 꼭 붙들고

더 가지려는 마음
노여워하는 마음
흠으로 너덜거리는 마음

하늘 위의 하늘 마음으로
들고 나지 않게 시리

맑고 깨끗한 마음
부드럽고 착한 마음이면
우리 주인도 보시기 참 좋겠네.

슬픈 민초(民草)

대감네 비서(秘書)들
검은돈 모으는 통장(通帳)으로
수십억이 들랑날랑
그 대감, "나는 모르는 일." 딱 잡아떼시고

국부(國父)의 조언자(助言者) 꾀많은 늙은이
수십억 챙겨 먹고 들통 나더니
"나 건드리면, 어흥."
참 안타깝다

고속열차에 짝퉁 부품 끼워 넣게 눈감아 주고
수십억 챙긴 공직자(公職者)
고장 나는 순간에
제 처자식 타고 있으면 어찌하려고

발전소(發電所) 불량 부품 질끈 눈감아 주고
수십억 챙겨 이룬 부(富)로
먹고 입고 마시고 사는 가족들은 어쩌나
바람 따라 눕는 민초(民草)들은 마냥 슬프다.

노인(老人)과 아이

노인의 질곡(桎梏)을 살아온 흠들이
순결(純潔)한 아이의 모습으로 씻겨지나니
아이는 노인에게 마음 씻기는 선물(膳物)이 되어
도로 아이가 되는 노인은 꽃보다도 곱다네

아이는 세상에 태어나
노인의 자비(慈悲)와 지혜(智慧)를 얻게 되니
노인은 아이에게 선물(膳物)이 되어
아이는 자비(慈悲)와 지혜(智慧)를 채우니 보석처럼 빛나네

자식(子息)은 아이를 낳아
부모(父母)에게 안겨 드림이 극진(極盡)한 효(孝)가 되고
아이는 노인으로부터 얻은 자비(慈悲)와 지혜(智慧)로
아름다운 삶을 살아가게 된다네

노인이 아이를 만나 아이가 되고
아이가 세월(歲月)을 먹고 노인이 되나니
이는 분별(分別)의 대상(對象)이 아닌
하늘이 마련하신 참다운 선물(膳物)이네.

그래서 그럴 거야

맑은 해가 좋은 까닭은
겨울날 등판에 닿는 따스함도 좋거니와
그 밝음으로 만물을 보고 쓰다듬을 수 있음이 좋고

둥근 저 달이 이리도 좋은 까닭은
날마다 모양을 바꿔 가며
어둔 밤 홀로 지켜 노랗게 밝혀주니 참으로 좋고

반짝반짝 빛나는 저 별이 좋은 까닭은
가슴에 담긴 그리움 살짝이 보일 듯이
임 마음을 닮아서 좋고

하늘 계신 내 님이 그리워서 눈물이 맺히는 속 내력은
한량없이 받은 넓고도 깊은 사랑
갚을 길 없는 막막함 때문일러라.

하는 일마다 다 잘 될 거여

우리네 산다는 게 고통인디
누구인들 아픔 없이 사는 사람 있간디
그리 아프니께 살아 있는 겨
한(恨) 덩어리 아픔 덩어리
몽땅 다 들어 내놔야 참말로 원(願)없이 사는 겨
짧어! 허송세월하긴 너무도 짧어!
죽도록 아프다는 건 죽도록 살라 하는 겨
아픔도 선물로 견뎌낼 만큼만 주시는 겨, 감사허야지!

쉽고 재밌는 일만 하고 살어
그분더러 맹글었으니께 책임지시라 혀
다 매끼라 시잖여, 어려운 일일랑 죄다 매껴 드려
감당하기 어려운 무거운 짐도 훌훌 벗어서 다 매껴
그러구서 살아 있을 때 고마움을 흠씬 느껴봐
땡겨다가 두려워 말고 지난 것 붙잡고 노여워도 말어
그냥 시방이나 잘살어, 사는 거 그게 다여!
잘 될 껴! 하는 일마다 다 잘 될 거여.

하얀 목련

목련 나뭇가지 위에는
하얀 눈꽃 흐드러졌네
저리 굵어진 꽃망울 긴긴 겨울날 어찌하려나
따뜻한 옷 겹겹이 끼워 입었으련만
서릿발 땅을 딛고 일어서고
진눈깨비에 살 에이는 된바람
고초 매운 고초 밤낮으로 견디는 세월(歲月)
누구도 모를 적에
아무도 모를 적에
참아 짐작도 못 할 적에
하늘나라 천사랑 눈 맞추고
벙긋이 몸을 여는 꽃
언 몸 녹여 주고 언 마음 녹여 주는 눈부신 꽃
고운 꽃 목련꽃
봄 오시는 날 새봄 오시는 날
흐드러질 꽃 전사들 불러
이곳저곳 온 세상에 뭉게뭉게 꽃 구름 피워 놓고
원도 한도 없이 툭툭 떨어져 산화(散花)하는 꽃
꿈속으로 피는 하얀 목련꽃
내 어머니랑 영락없이 닮은 꽃이라네.

사과장수

찬 바람이 매우 시린 날
어두 컴컴한 구석진 자리에 세운 자동차
난장판에는 갈 수 없는 뜨내기인가보다

다시 그 길을 지나다 보니 보인다
그리고는 상(像)으로 맺힌다
그네 집 밥상머리 뿔나기 전에 돈을 모으려나

자동차에 가득 실린 사과도 춥고
사람도 추우니
집으로 돌아가 사과 판 돈 셀 손도 시릴 성 싶다.

자아(自我)

어디 갔느냐?
묻지도 말라

어디 있느냐?
찾지도 말라

나는 본래부터 없었다
잠시 길을 잃고 헤맸을 뿐이다

그래서 기쁘고 노엽고 슬프고 즐거웠었다
오직 사랑일러라

나를 찾지 말라
나는 없다.

우주(宇宙)란다

흙 한 줌에 세상이 들고
봄 풀 한 포기에 천지가 녹아든다
홀로 피는 들꽃 한 송이에
하늘나라가 들어 있고
땅, 물, 빛, 바람은 창조의 도구로다

거기서 생겨난 게 사람이려니
그러니 사람을 판단하고 해석하려 말라
이는 우주를 판단하고
해석하려는 것처럼 어려운 일이란다
다만, "서로 사랑하라." 신다.

붉은 태양

얼씨구! 좋다.
목멱산 산마루 위로 솟아오르는
저 붉은 해를 보라
온 세상 만물을 비추기 위해 분별도 없노라
그저 보답을 원하지도 않고
따습게 안겨 주시는 저 붉디붉은 해를 꼭 끌어안아라

아서라, 그리 무심코 안지 말라
엊그제 세상을 등진 이는
단 한 번만 단 한 번만 애를 태워가며
끌어안고 싶어서
가슴을 벌겋게 달구며 빌고 빌던
붉은 소원 덩어리였더란다

얼씨구! 좋다.
어쩌면 내일은 안아보지도 못하고
이슬처럼 스러져 갈지도 모르거니
누구든지 저 붉은 해를 가슴으로 안았거든,
그대가 지닌 뜨끈뜨끈한 열정을
저 붉은 해와 더불어 단 한 점도 남김 없이 다 살라 버리라
내일은 내일을 비출 새로운 해가 떠오르리라.

효(孝)

양지 녘에 쭈그리고 앉아
잠깐 졸다 깨는 꿈결 같은 세상살이

푸른 꿈 꾸던 날 간데없네
어느덧 머리엔 흰빛으로 촘촘하고

자식 위해 정성(精誠)으로 살피는 마음
하늘 땅은 감동(感動)하건만

자식(子息)이 부모(父母)라면
부모(父母)가 자식(子息)이면

세월(歲月) 가면 부모는 돌아가고
그댄 그대 몸처럼 아낀 자식의 부모 되리.

이름이 없으니

거룩하건만
모양도 소리도 없고
이름도 없지요
오직, 소박(素朴)할 뿐이외다

만물(萬物)을 낳고
생긴 모양대로 꾸밈없이 기르면서
간섭(干涉)하는 바도 없고
필요(必要)한 만큼 주되 아끼지도 않지요

소유(所有)하지도 않고
원(願)하는 바도 없으며
주재(主宰)하지도 않고
자랑도 하지 않지요

하는 일이 없는 것도 아니고
하는 일이 있는 것도 아니라
그러면서도
세상의 만사(萬事)를 다 이뤄 가지요.

홀로 귀하니

하늘은
세상 만물(萬物)을
천태만상(千態萬象)으로 지으시고
제각각 홀로 귀히 하시니

사람과 더불어
풀 한 포기 나무 한 그루
기는 짐승 나는 새 물속에 사는 생명(生命)
보이는 것과 보이지 않는 것 모두에게
몫으로 재주(才操)와 재능(才能)을 주시고는
'서로 나누고 보듬어라.' 시는데

어둡고 어리석으니
짧고 덧없는 생을
눈, 귀, 코, 입과 마음으로
이것저것 분별(分別)하고 살아가네.

너도 가고 나도 가네

오늘 같은 날 또 있을까
시방 같은 날 또 있을까
어둔 마음은 얽히고설킨
지나간 것들에 매달려 질질 끌려가네
오지 않은 내일을
근심 걱정으로 잠 못 이루는 밤

지나간 것은 꿈속이었네
오지 않은 것은 혀깨비 일세
흘러가는 강물은 다시 돌아오지 않으리
지나가는 바람도 다시 돌아오지 않으리
강물 따라 너도 가고
바람 따라 나도 가네.

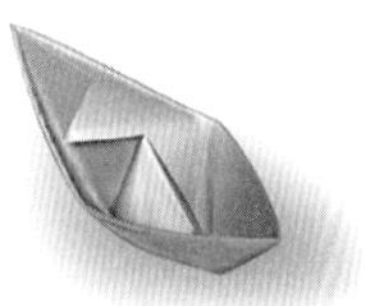

생자필멸(生者必滅)

난(出) 것은 산 것이고
드(入)는 것은 죽음이라
생(生)은 무(無)에서 유(有)로 드러나는 것
사(死)는 유(有)에서 무(無)로 드는 것

생(生)과 사(死)는 다름이 아닐러라
자연(自然)의 이치(理致)에서 보면
본질적(本質的))인 차이(差異)가 없다네

살아 있는 것은
반듯이 사라져 가니
살고 죽는 것에 마음 두지 말고
영원(永遠)히 사는 법(法)을 얻어라.

대감도 갠가 보다

나랏일로 이래저래 애쓰는 대감
잘 돌보고 지키라고
그나저나 백성이 힘을 모아 붙여놓은 일꾼들

온갖 도적(盜賊)질에 등쳐먹고
난장(亂杖)질에 물어뜯고
망나니가 되어 버렸네

집에서 기르는 짐승은
주인을 닮는다던데
'모른다.' 딱 잡아떼니

서로 닮지 않고서는
깎아 맞춘 듯이 맞추기 어려울 터인데
아마 그 집 대감도 갠가 보다

그 대감 나이도 많다던데
그럼 '종심소욕(從心所欲) 불유구호(不踰矩乎)' 라는
공자 말씀이 틀렸나 보다.

* 從心所欲 不踰矩乎; 마음이 하자는 대로 몸이 하자는 대로 따라 해도 그릇됨이 없다.
* 힘들어도 누군가는 바라 보고 그 분들을 위해 기도해야 되지 않겠나 하는 마음입니다.
* 축복합니다.

둘레길 하루

마음 닿은 곳
발길 닿아 있었네
회룡천 흐르는 물 맑고
둘레길 접어들어 보루에 발 디디니
밟히는 낙엽 바스락거리는 소리 정겹구려
오늘일랑 서둘지 말고 쉬엄쉬엄 쉬어 가라 하네
앙상한 나뭇가지 사이로 내려앉은
조각난 햇볕도 매만져 보며
한 시절 잘 놀다가 내린 낙엽이랑 시절 얘기도 하라 하네
밤새 찬 기운에 서릿발 딛고 일어선 땅
먼먼 옛날에는 고구려 땅이라 했지
성 쌓아 놓고 보루라 한곳
땀도 식히며
허기든 배 요기로 달래네
가파르게 오르니
가파르게 내리는구려
계곡 따라 흐르는 물소리 옥 구르는 소리를 닮고
이파리 내려놓은 나뭇가지
작게 이는 바람에는 다소곳하고 고요하네
나, 여기 있으니 여기가 내 세상일러라
소리 질러도 '아니라.' 하느니 없는데

그대는 지금 무엇을 더 가지려 애쓰는가
사찰로 오르는 길가
불심에 빌고 빌던 마음
빛바랜 연등에 걸린 채로
쓸쓸하게 길 위를 쓸고 가며 울음 우는 낙엽의 아픔을 어른다
생겨나고 또 사위어 가는 것들!
한 때는 길을 잃었고
배고프고
지친 다리도 고단했건만
한참을 헤매 돌다가 다시 길을 찾네
나는 시방 모르는 길을 가고 또 걸어온 길은
뒤안길로 사라져 가는데
난생처음 만남이 마지막이요
난생처음 본 것이 이 또한 마지막일세
난생처음 듣는 소리가 마지막이 되고
난생처음하는 말이 마지막 말이 되더이다
하루가 영원이요, 영원이 찰라인 것을 모르고 사네
혼자서 왔다가 혼자서 가는 길
모두가 동무되어 두런두런 함께 보낸 하루가
고맙고 참 고맙구려.

삶의 무게

조금 내려놓으면
조금만 가벼워지고

많이 내려놓으면
많이 가벼워지리

몸과 마음마저 내려놓으면
하늘로 오르리오.

우리 님

새 아침 이파리에 맺은 이슬방울이 맑던 가요
아닙니다
아니지요
우리 님 영혼(靈魂)의 맑기만은 못합니다

갓 피어나는 꽃이 곱던 가요
아니지요
아닙니다
우리 님 고운 모습만은 못합니다

밤하늘 둥근 달이 밝던 가요
아닙니다
아니지요
우리 님 밝은 웃음만은 못합니다

까만 밤하늘의 은하수별들이 빛난다고요
아니지요
아닙니다
우리 님 반짝반짝 빛나는 눈동자만은 못하지요.

왜 모르지

큼이 작음을!
작음은 크므로 비롯하고

높음이 낮음을!
낮음은 높으므로 비롯하네

많음이 적음을!
적음은 많으므로 비롯하고

부자(富者)가 가난을!
가난은 부자(富者)로 생겨나네

지혜(智慧)가 무지(無智)를!
무지(無智)는 지혜(智慧)로부터 생겨나고

기쁨이 슬픔을!
슬픔은 기쁨이 있어 일어나는데.

순종(順從)

눈으로 보고 보이고 본 것들
귀로 들어 들리는 소리 들은 소리
오! 아름다워라
이 길은 우리 님 날 보낸 소풍 길

길 따라 가네
인도(引導)하시는 길을 따라가네
꽃길로 가네
물길로 가네

걸어온 길은 흐릿해졌고
가야 할 길은 나는 모르네
다만
시방 보이는 이 길을 따라갈 뿐이네

가다가
가다가
우리 님 날 부르시는 날
그날이 오면 나는 가야만 하네.

울음 계곡

찬바람이 쓸고 가는
마른 낙엽들의 외롭고 쓸쓸한 울음소리

산산이 부서지고 흩어지는
계곡(溪谷)의 아픈 울음소리

산사(山寺)의 추녀 끝에 걸린
풍경(風磬)마저도 서러워서 운다

해는 저물어 서산마루
앙상한 나뭇가지에 걸리고

곱던 작은 새 울음마저
애처롭구나

솔밭 비켜 가는 바람
내 누이 머릿결 빗질하는 소리인가

갈잎 떨어진 산등성이 넘는
찬바람 소리만 사납게 들린다.
catharsis

둘레길

도봉산 자락 따라 걷는 둘레길
터덜터덜 가보자
해 저물 때까지 가보자

옛사람들 살다간 흔적
여기저기 흩어져 있고
낙엽 내린 알 가지 고요하구나

까치울음 산울림 되고
쏟아져 내리는 맑은 햇살
마른 낙엽에 앉아 반짝반짝 빛나네

귀 기울이니 작은 새 울음 곱고
계곡 따라 흐르는 물소리 마음 다독이는데
목청 큰 까치울음에 잠기는구나.

구검(狗檢) 구변(狗辯)

많고 많은 사람 중에
누구인들
흠(欠) 없고
허물없이 살겠소, 만은

검사(檢査)
옳고 그름을 분별(分別)하여
사회(社會)와 나라의 안녕(安寧)을 지켜달라고
선량(善良)한 백성이 세워준 직분(職分)

변호사(辯護士)
옳고 그름을 변별(辨別)하여
착한 일을 세상에 두루 미치게 하는 선비
이 또한 선량(善良)한 백성이 세워준 직분(職分)

개들의 세상이 시끌벅적 이다
자기네 세상엔
검사(檢査)도 없고
변호사(辯護士)도 없단다

본성(本性)이 충실(忠實)하니
부적절(不適切)한 관계(關係)도 맺을 일 없고
튼튼한 다리가 넷이라
좋은 차 골라 탈 일도 없단다.

엄마의 가슴

허둥대며 일하러 가는 엄마
어린이집에 맡긴 아이
가슴엔 구멍이 뚫려 찬 바람 들랑날랑

온종일
또래랑 놀면서
웃다가 울다가 하루가 가네

'엄마는 해님이 있을 때 오기로 했는데
왜, 안 오지!'
비구름으로 해가 가려진 저녁 무렵

'선생님!
지금 해님이 없는데
우리 엄마는 왜, 안 오나요'

'오늘 선생님 말씀 잘 안 듣고
울고
또 미운 짓 해서 안 오는 거야.'

아이 마음은 더욱 서러워지고
엄마는 안 오고
어둠은 스르르 내려앉는다.

변하고 있는데

여럿을 모아 놓고
이말 저말 이르고 있는데

자세히 보니, 듣는이도 속고
이르는 이도 속고 있다

제각각 다른 마음 지니고
서로 '옳다.' 여기고 있으니

내일이면 모두 변해 버릴 일을
서로 속이고 속고 있다.

마음으로

눈에 보이는 것으로 가려져
실상(實相)을 보지 못하고

귀로 듣는 것으로 가려져
실상(實相)을 듣지 못하네

참을 보고
참을 듣고 나면

본래 그대와 내가
둘이 아닌걸 알게 되리오.

착각(錯覺)

자기 몸을
자기 것 인양 함부로 하고 있네
자기 몸은
창조주(創造主)로부터 얻은 선물(膳物)이거늘

자기 자식(子息)을
자기 것 인양 함부로 하고 있네
자기 자식(子息)은
창조주(創造主)로부터 지어진 이웃이거늘

얻은 선물(膳物)을
지어진 소중한 이웃을
왜 그럴까!
자기 것 인양 함부로 하고 있네.

단풍 두 잎

푸르던 날들의
숱한 이파리 다 지우고
가느다란 가지에 달랑 남은
붉게 물든 단풍 두 잎

눈 시리게 고아라!

우리네 삶도 저토록 홀가분할 수 있을까!

지난날
비단 바람 더불어 춤추며 놀던 자리
먼 먼 날
새날에 피울 잎눈 몽글게 달고 있다.

참회(懺悔)

생(生)은 하늘의
은혜(恩惠)와 은총(恩寵)으로
지어지고 점철(點綴)하거늘
하늘에 길을 묻지 않고
내 뜻으로만 하려 함을 참회(懺悔)

새소리 바람 소리 물소리
풀벌레들의 고운 울음소리
새싹들의 움트는 고된 여정(旅程)
무지개의 황홀(恍惚)
건성으로 듣고 건성으로 본 죄(罪)

자연(自然)은 생명순환(生命循環)의 법칙(法則)
그러니 자연(自然)은 스승이라
미움 시기 분노 원망과 집착은 가장 큰 재앙(災殃)이요
우주의 질서(秩序) 중에
가장 큰 힘이 사랑이거늘
알아차리지 못한 죄(罪)를 참회(懺悔)함이요

제2부

조화(調和)

인연설(因緣說)

스치고 지나는 인연(因緣)
삼 생(三 生)이라면 믿겠는가

일 생(一 生)에 단 한 번만이라도
나눔이 있었다면 오백 생(五百 生)

남여(男女)가 만나 혼인(婚姻)을 이루면
팔천 겁(八千 劫)

형제자매(兄弟姉妹)의 인연(因緣)
구천 겁(九千 劫)

부모(父母)와 자식(子息)의 인연(因緣)은
만 겁(萬 劫)이란다.

이토록 소중한 인연(因緣)이거늘
하찮게 여길 수 있겠는가.

*겁(劫) : 산스크리트 'kalpa'의 음역인 겁파(劫波)의 약칭으로, 장시(長時)·대시(大時)라 의역된다.
본래 인도에서는 범천(梵天)의 하루, 곧 인간계의 4억 3,200만 년을 1겁이라 한다.

낙천제(樂天齊)

늘 푸른 집
낙천제(樂天齊)
널따란 창문으로 젖어드는 맑은 햇살

지긋이 눈감고 앉았는데
살며시 어루만지는 따스한 손길
알아차리고 나니

참 감사(感謝)하고
기쁘고 고마운 마음에
행복(幸福)이 담뿍해집니다.

조화(調和)

간밤, 오락가락한 비에
살포시 젖은 대지(大地)
엄마 젖을 실컷 먹은 배부른 어린애처럼
아쉬울 것 없으니 느긋하다

시방도
하늘은 잿빛이고
온갖 생명을 품은 포궁(胞宮)엔
우아한 안개 드리워져 있다.

빈 마음으로

마음 안에 있는가
마음 밖에 있는가

그대 넘어야 할
멀고도 험준(險峻)한 뫼(山)

마음 안으로도 두지 마오
마음 밖으로도 두지 마오

그냥 빈 마음으로
소풍인 양 넘으시구려.

사랑의 손길

어둠으로 살포시 끌어안고
온 땅 모든 살아 있는
수고하고 고단한 것들은
'쉬라, 다 내려놓고 쉬라.' 신다

포근한 솜이불 덮어 주고는
토닥 토닥이시며
옛적 순수(純粹)함을 이루고 있던 어린 시절처럼
'아가야! 새근새근 잠들어라.' 신다

너의 닫힌 마음으로 애태우던 일
근심하던 일 노여워하던 일
단죄(斷罪)하려던 일
'아서라! 내게 맡겨라.' 신다

완고(頑固)함으로 보고 옳다고 여긴 일
귀로 듣고 옳다고 여긴 일
입을 통(通)해 센 말로 남에게 상처를 입힌 일
'어서, 알아차려라.' 신다.

도대체 맞지 않는다고 말 마라
한 태(胎)에서 나온 형제도 서로 다르지 않더냐
다름은 하늘이 주시는 지극(至極)한 축복(祝福)이리니
'서로 많이 나누고 많이 사랑하라.' 신다.

해미성지(海美聖地)

사람이 사람에게
어찌 그리 망할 짓을 했단 말인가
자리게 치던 넓적한 돌판
굴비 묶듯 묶어 생매장(生埋葬)한 둠벙
철삿줄로 묶어 매달아 놓고
고문(拷問)하던 형상(形狀) 바라보며
피눈물 함께 흘렸던 회화나무

수많은 넋
원망(怨望) 모르고 찬미(讚美)했다네
참을 수 없는 고통(苦痛)
붉게 물드는 피로 영광(榮光) 드렸다네
오!
하늘로 피어오르던 고운 꽃 송이송이
영원히 빛날 별꽃이 되었노라

그날 기억(記憶)하나니
발자국마다 핏빛이라
하염없이 흘러내리는 눈물
백년(百年)이 가고 더해 반백 년(半百 年)
천년(千年) 만년(萬年)이 간다 한들 어찌 잊으리오
향 짙은 꽃으로 피어난 고운 넋이여!
쉼 없이 흐르는 눈물로 곱게 피어오른다오.

* 해미읍성: 태종 17(1417)~세종 3(1421)에 축조, 길이 1,500m 높이 5m 넓이 16만 제곱미터
이순신장군 선조 12년(1579) 10월 병사영의 군관으로 부임 10개월간 근무
고종(1866~1872) 천주교 신자 박해 1천여 명을 처형하는 사건이 일어남.

형상(形像)

해보다 더 밝게
달보다 더 곱게
별보다 더 빛나게

다소곳한 모습
웃던 예쁜 모습
가슴속 별이 되었네.

하나

분별(分別)하지 마셔요
그건 아픔의 씨앗 여요

처음도 하나요
끝도 하나요

아주 쉬운 진리(眞理)여요
어서 알아차리셔요

우주(宇宙)가 다르지 않으니
모두를 내 몸인 양 섬겨요.

낙엽

나는 미처 몰랐었네
그대 한 판 놀다가 간 자리

새 생명의 움
몽실몽실 달아 놓은 것을

밤으로 숨어 오는 찬바람 된바람에
점점 깊어 가는 가을날

가야 할 때를 알아차리고 몸을 내려놓은 낙엽들
길 위에 뒹구는 모양은 쓸쓸한가

제 가진 것 남김 없이 되돌려 주었거니
그토록 눈부시게 고았니라

산들거리는 바람에도 몸을 내리며
나풀거리는 그대의 춤은 우아했노라

몫을 다 이룬 그대의 뒷모습
그대가 남겨 놓은 새 생명의 움

쓸쓸하지도 외롭지도 않을
숱한 낙엽들의 신명으로 한 판 놀다가 간 자리

순결하고 아리도록 아름다운
저 고운 낙엽의 일생을 진정 그대는 아는가.

착한 그대

해처럼 밝고 따뜻하니
빛 닿은 곳 온갖 생명 일어나고

둥근 달처럼 넉넉하고
은근한 빛으로 보듬어 쉼을 이루나니

어두운 밤하늘 별처럼
반짝반짝 빛나는 하루를 엮는

착하디착한 그대는
해요 달이요 별이외다.

자홀(自惚)

흠뻑 취했소
그리 취했으니 몽롱(朦朧)할 뿐
횡설수설(橫說竪說)이요
다 내려놓고 깊은 숙면(熟眠)이나 이루구려
그리하면 본래대로 예쁘게 매 만져 주실게요

시방이야 흠뻑 취했으니
몸에든 똥인들 더러워 보이겠소
나의 알음으로
남이 하찮아 보인다면
나의 알음에 지독하게 취한 줄 믿으시오.

지구(地球) 별

우리 사는
땅덩어리

지구는
금성, 화성, 수성, 명왕성보다 크고

목성, 토성, 천왕성, 해왕성 중에는
지구가 막내라네

태양 옆으로 두니
지구는 깨알보다 작고

대각성 옆에 둔 태양은
작은 녹두 알

우주에 드러난 열다섯 번째 큰 별
안타레스(Antares) 별 옆에 둔 대각성은 콩알만 하고
(지구에서 1,000광년)

우주의 큰 별들 옆에서는
모양으로 드러나지 않는 별이 지구인데

생사고락(生死苦樂)에 매여 사는
우리들의 존재는 과연 무엇인가!

심신(心身)의 양식(糧食)

몸은 먹은 것은 반듯이 비우더라
마음이 먹은 지식(糧食)도
자연(自然)의 섭리(攝理)를 따라야 하느니

늘 비워 새롭지 않으면
관념(觀念)과 감정(感情) 덩어리가 숙념(宿念)으로 변하니
마음은 상(傷)하여 몸의 균형(均衡)을 무너뜨린다네

몸뚱이가
자연(自然)의 섭리(攝理)를 따르려 하듯이
마음도 더불어 따르게 하소.

누구냐

누구냐
모양 속에 모양이 보이는가
마음속에 마음이 보이는가
말속에 말이 들리는가
도대체 누구란 말이냐

반구정(伴鷗亭)

선(善)만을 행으로 삼은 일생
받들어 세운 육각 정자 앙지대(仰止臺)
아래로 사각 지붕 반구정(伴鷗亭)
임진강물 한가롭게 주름져 흘러가고
튕기면 깨질 듯, 눈 시리도록 푸른 하늘

깊어가는 가을이 서러워
단풍(丹楓)에 붙어 우는 여치가 애처롭다
영근 열매로 배를 불린
산새 들새 노랫소리 한가로운데
옛적 방촌 황희선생 갈매기 벗 삼아 놀았어라

한 시절 살다 돌아간
지혜(智慧)로운 재상(宰相)
청백리(淸白吏) 정승(政丞) 기리는 터에
주인 없는 정자 들러 가는
갈매기 울음소리만 쓸쓸하게 들린다.

* 방촌 황희(厖村 黃喜) 1363~1452

억새밭에서

지나간 어제는 마음 두지 말자
오지 않은 내일일랑 생각 말자
시방 하늘 고운 억새밭이 이리도 좋은걸

곱게 세인 하얀 머릿결
스쳐 가는 바람이 매만져 빗기고
억새밭 사잇길을 걸으면
으악새 서거기는 소리
누구라도 짙어가는 가을을 알아차리리라

드높은 물빛 하늘
거기 흘러가는 흰 구름
억새밭에 숨어 우는 이름 모를 고운 새
코스모스 곱게 피워 놓은 길
줄곧 가슴엔 님을 모시고 걸었다네

중천을 기우는 살가운 햇살
천만년 두고 흘러가는 아리수 강물 위에
자디잘게 부수려 널어 놓으시네.

본래대로

마음을 바르게 하면
바른말들이 꽃처럼 피어나고

말이 부드럽고 정성(精誠)스러우면
몸도 따라 그리되니

반복(反復)되는 몸의 움직임은
습관(習慣)으로 길든다네

바른 마음 바른말 행동(行動) 습관(習慣)
하늘도 보시기 좋지 않겠나.

산국화(山菊花)

한 참의 찬바람에
화들짝 놀라 피어나는 산국화(山菊花)야
어느 날 갑자기 내리는 된서리에

푸른 청춘이 마르고
붉게 물들어 가거니
"어서 가자." 재촉 이는 가을비

몸을 내린 낙엽의 쓸쓸한 울음소리
달래려느냐
곱게 피어나 누리에 향(香) 적셔가는 산국화야

눈부시도록 고운 몸 온전히 사르는
된서리 맞은 네 모양이
네 모양이 더욱 서러워 보인다.

그대는 꽃

눈 시리도록 고운 꽃
하늘 향기 가득 담긴 꽃
하느님 어르시는 꽃

천 리 길 가고 오건만
꽃 구름 타고 둥둥둥 떠다니는 듯
고운 나비야! 나비야!

요리 보고 조리 봐도
향도 따라 고우니
바라보기조차 아까운 꽃.

오직 마음

귀한 몸 불에 데일라
음란(淫亂)한 마음에 갇히지 말라

화(禍)내지 말라
조화(調和) 이룬 세포(細胞)들이 죽어간다

하찮게 여기지 말라
누구든지 홀로 존귀(尊貴)하다

완고(頑固)한 마음 지니지 말라
하늘 뜻 따르고 인도(引導)하는 길을 따라가라

아프고 괴로우냐
몸이 있어 그러니라

미묘(微妙)한 마음을 알아차리는 이
즐거움에 머무르리라.

만병통치(萬病通治)

귀신(鬼神)도 모르지
오직 하늘은 알지
하늘이 주인이시니
하늘에 온전히 맡겨야지

걱정하는 일
일은 자연(自然)의 법칙(法則)으로 이루어졌고
속만 까맣게 타들었네
몸과 마음은 천근만근(千斤萬斤)

빈 가슴 무엇으로 채울 수 있나
지식(知識)은 오류일색(誤謬一色)이요
부귀(富貴)는 허깨비일러라
점점 커지는 구멍

하늘이 이르시는 대로
서로 나누고 보듬으니
기쁨으로 가득할 세
순리 따르는 몸과 마음 꽃보다 더 아름다워라.

어딜 그리 바삐들 가시나요

무엇을 구하려
어딜 그리 바삐들 가시는 게요
혹, 부귀영화(富貴榮華)요

잠시 숨 고르며
쉬었다가 가시구려
찾는 중에 딱 한가지가 빠졌소이다

허둥대지 마시구려
그대 찾아 헤매는 것들
모두 그대 안에 있음이외다.

자식(子息)

꽃향기 곱던 날 가고
꽃 진자리
가시 방울 달렸는데
천지(天地) 사방(四方) 가시일세

세월 따라
점점 굵어져 가는데
범접(犯接)할 수 없도록 억세지는 가시
틈도 없는 소갈머리

가을 깊어지니
벌겋게 익은 몸뚱어리
쩍 벌려 놓고
하늘을 담는구나.

길 떠나는 님이시여

무거운 짐일랑 훌훌 벗어 놓으소서
머물지 않고 둘러 오실 나그넷길이니

사뿐 사뿐한 걸음걸음으로
둘러 오시옵소서

예쁜 얘기 향 고운 얘기
마음 붙들리도록 보시기 좋으시거든

바리바리 묶어 하늘길에 띄워 두었다가
이다음 궂은 날 야금야금 풀어 보옵소서.

가을 편지

스치고 지나는 바람이
나를 심하게 놀려 댓 지요

새벽부터 서둘러
영월로 다녀왔습니다

어딜 가나 바람은 서늘하고
등판에 닿는 햇볕은 따뜻합니다

대추 알 붉어지고
쩍쩍 벌어진 알밤이 탐스럽습니다

언덕배기엔 쑥부쟁이 지천이고
길가엔 코스모스 가는 허리를 흔들어 댑니다

들판은 누렇게 변해 가고
하늘은 마냥 높아만 갑니다

스쳐가는 가을이
자리를 틀고 앉았습니다.

환상

꿈속에 살고 있네
바람 소리 새소리 물소리
푸른 숲 맑은 하늘 노란 햇살

모양으로 지어진 온갖 것들
모두가 사라져 버릴 환상 같은것
영원한 것은 없네

집착하지 말일이네
안다는 것조차도 내려놓을 일이네
고요함이 머무르리오.

두 선비

두 선비가 길을 가고 있었다.
둘은 죽마고우(竹馬故友) 이면서
동문수학(同門修學) 하였고
학문의 깊이와 질(質)도 따라 높았다.

빛이 고운 가을날
호젓한 산길을 가는데
어디선가 애끓는 여인의 울음소리가 들린다.

둘은 이심전심(以心傳心)으로 울음소리를 따라가고 있었다.

먼발치에서 바라보니
여인은 갓 만든 작은 무덤을 쓸어 안고 애달프게 우는 것으로 보아
자식(子息)을 잃고 애를 끓이며 울고 있다는 것이 직감(直感)으로 알아차려 졌다.

한 참을 말없이 바라보던 선비 하나가
"여보게, 자네가 저 여인의 울음을 그치게 하면 내가 오늘 저녁을 질펀하게 살게고,
또 깔깔거리고 웃게 한다면 자네 소원(所願)을 다 들어줌세." 하고 제의(提議) 했다."

제안(提案)하는 선비의 속마음으로는
접근(接近)했다가 따귀나 몇 대 맞고 돌아오길 바라는
심술궂은 장난기에서 나온 발상(發想)이었다.

제의(提議)를 받은 선비는 멈칫 고민하는듯하더니.
어슬렁어슬렁 쉽게 우는 여인의 곁으로 다가 같다.
그리고서는 그 여인의 등을 지고 철퍼덕 다리를 펴고 주저앉더니만
땅을 치며 대성통곡(大聲通哭)하기 시작하였다.

主 : 結論과 나머지 이야기 展開는 讀者에게 맡겨드립니다.

화석정(花石亭)

엊그제는 입만 있고
귀 없는 선생님을 만났고
오늘은 아들 같은 친구를 만났네
"문산역으로 오면 데리러 갈게요."
모두가 나(我)로 인(因)함 일세.

화석정(花石亭) 오르니
하늘을 담은 임진강 주름지어 흐르고
멀리서 불어온 바람 소곤거리네
'허깨비를 만났노라, 고
내려놓고 편히 쉬었다가 가라.' 하네.

문학촌(김유정)에 핀 꽃

초가지붕 용마루 위로
짙푸르게 널린 네모난 하늘

성근 문틈 사이로 들랑이는 갈바람
추녀 끝으로 걸린
은빛 거미줄을 퉁겨 하늘을 울린다

멀리서 찾아든 시객(詩客)들
낭송(朗誦)소리 낭랑한데

툇마루에 내린 햇볕
뭉개고 앉은 궁둥이가 따끈하다

이루지 못하는 사랑으로 불덩이 되었던 몸뚱어리
끝내 다 사르지도 못한 채
사위어간 한(恨) 서린 혼(魂)이여!

그대 꽃처럼 피어난 넋을 곱게 기억하는 이 많으니
이젠 다 내려놓고 편안히 잠드시라.

푸른 산천이

산천이 영혼처럼 운다
하룻밤 스치는 찬바람으로
맥을 놓고 울다가
곱게 물이 들 터이지

이별을 준비하고
바람을 기다린다
차라리 몸을 내려줄
된바람을 원한다

순리를 쫓는 자연은
아쉬울 게 없노라
후년이 있다는 믿음이 아니어도 좋다
온전히 맡겨 놓았을 뿐

영원인 양 푸른 꿈 꾸며 머물다가
단 한 번의 손짓으로
갈 때를 알아 미련없이 원도 없이
고향(흙)으로 되돌아간다.

의성 허준(醫聖 許俊)

시대(1539~1615)를 따르자니
이미 정(定)해진 운명(運命)

속내에는 나(自我) 없고
오직 분별없는 측은지심(惻隱之心)

꿰뚫는 진맥(診脈)으로
손길 닿는 몸과 마음 바로 서네

아픈 마음 어루어 고치고
병(病)든 몸 다스려 고치니

자리 털고 일어서는 귀한 몸
그 가슴마다 꽃으로 피어났네.

시야 비야(是耶 非耶)

오고 감이 조금 이르고
오고 감이 조금 더딜 뿐
세상에 영원히 머무는 것 어디 있으리오

걱정도 근심도
아픔도 두려움도
잠시 일었다 사라져갈 환상 같은 느낌인 걸

기쁨도 즐거움도
불행도 행복도
실체가 없는 허상일세

노을이 아름다운 것도
먹구름이 하늘을 가린 것도
하늘의 본질은 가리지 못하네

내가 지닌 몸뚱어리
그에 머무는 정신도 나의 실체는 아닐세
나그네처럼 잠시 머물다가 가는 것

옳으니 그르니
길으니 짧으니 크니 작으니 하지 마오
모두가 허공에서 타는 불일 뿐이라오.

서리산의 오월

서리서리 서렸더라
옛 임 보기에도 그랬었나 보다
겹겹이 쌓이고 서리고
금수강산(錦繡江山)일러라

오월의
붉은 꽃, 하얀 꽃, 노란 꽃
어디 꽃뿐이랴
눈이 시려 눈물이 난다

사랑 담긴 새소리
청량(淸亮)한 물소리
순결한 여린 이파리
고운 꽃잎 스치는 바람 소리

오! 오월이여!
눈을 감아도 눈물이 난다
부활하는 새 생명이여!
온 누리에 참 빛이 되어라.

백합꽃

순백의 꽃
보라 꽃
연분홍 꽃 속에
두 송이 눈 시린 망울 꽃
송이송이 지극한 조화를 이루고

꽃잎에 반짝 반짝이며 뜨는 별들

순결의 꽃
신성한 꽃
온 몸을 살라 피우는 꽃
은은한 향기
세상 속으로 스민다

* 수도자의 길위에 핀 백합

백로(白露)

한 시절 접히고
한 시절 열리는가

푸르던 날
그늘 속 매미울음 간데없고

하룻밤 찬바람에
생기 잃은 푸르름이여!

풀잎에는 벌써
하얀 이슬 달리는구나.

들꽃도 하늘이 가꾸는 꽃이란다

한철을 왔다가 가건만
제 몫을 다 이루고 간단다
들꽃이라 누가 돌보지 않는 듯하지만
곱게 피었다가 지고 씨를 남긴다
하찮게 여기지 말라
그의 주인은 하늘이시란다

하물며, 사람이야
어찌 하찮게 생겨나는 이 있으리오
하늘의 사랑으로 기쁨으로 온 한 생이더란다
아무렇게나 살지 말라
자비가 아니면 단 한숨도
들이고 낼 수 없는 게 생이더란다.

정의(正義)

오르지 선(善)함도
악(惡)함도 아닐러라

네 말이 틀리고
내 말이 옳은 것도 아닐러라

정의(正義)를 쫓는 이는
옳고 그름에 마음 두지 않는다.

제3부
추억(追憶)

추억(追憶)

지금 내 영혼은
새벽이슬로 촉촉이 젖어듭니다
지난봄이 오던 길목이었지요
지금은 여름에서 가을로 계절이 바뀌는 때입니다
갈무리된 추억이 일어나네요

목멱산 휘적휘적 돌아내려 오던 길
한옥마을 울타리 접어들 무렵
어디선가 흐드러진 향기
지나는 발길 꼭 붙들고 쉬었다가 가라 합니다
홀린 듯 향기를 따라 갇지요

언뜻 보기엔 산수유 꽃인 줄 알았습니다
생강나무 꽃이었지요
임처럼 향기가 참 진했더랍니다
아마도 종종 임 생각이 날 때면
가슴에 갈무리된 향기 곱게 피어오를 겁니다.

초가을

아마도
고향길엔 가을꽃 코스모스가 활짝 피어
하늘거리고 있겠지요
그 가녀린 허리로요

들녘엔 갈 풀꽃들이랑
모장깔엔 물봉숭아
안산에는 수릿치꽃
도라지 꽃도 곱게 피어나겠지요

그리고는
무더위 속 모진 비바람
천둥 벼락 맞아 가며 굵어진 열매
붉게 익어 가겠지요

가을이 코밑에 와 있네요
청량한 하늘엔 고추잠자리 날지요
살갗 스치는 바람 갈 바람 여요
영락없는 가을입니다.

비틀비틀

선한 이들 끌어모아
궁궐 같은 성전 꾸며 놓고
착한 목자 가련한 성자 팔아
기업처럼 일궈가며 잘 먹고 잘사시는 귀한 님네

머리 깎고 초의 장삼
산사에 박혀 놀고먹는 정신 나간 귀한 님네
속세 들러 밤새운 주정에 담배 꼬아 물고 놀음 질이라
시주받는 손 성자의 가르침으로 씻겨진 손 아닐러라

나라로부터 인가받아
그럴듯한 저축은행 차려 놓고
속이질 노략질 음탕 질에 분탕질
들통 나니 도망질이라

혈세로 지하철 만들면서
짜고 눈감아 주고 두둑이 챙긴 돈으로 잘 먹고 잘사는 나라 일꾼
손님으로 미어터지는 지하철 '적자 난다.'
협박 질 으름장에 조석으로 우롱이라

비틀거리는 세상, 백성은 어지럽소
역겨운 냄새 새는 가죽 부대 난장(亂場)이네
이 나라엔 의인 없나
서로 나누고 사랑으로 아우른들 어떠하리.

가장 아름다운 것들

네가 너답고 내가 나다우며
시방 있는 그대로가 그냥 좋다

꽃은 꽃다움에 꽃이 되고
나비는 나비다워야 예쁘다

소나무는 소나무답고
갈나무는 갈나무 다와야 아름답지

개는 개 같고 소는 소 같고
돼지는 돼지 다와야 멋지지 않겠는가

세상의 온갖 형상에는
창조의 뜻이 오롯이 담겨 있으려니.

사는 이야기

자식 자랑 얘기
외로움 살짝 접어 두고 하는 얘기
차곡차곡 묻어둔 어릴 적 추억 얘기

누가 들으면
시시하고 하찮은 얘기로 들릴지언정
그에겐 아주 소중한 얘깃거리

웃기는 얘기는 웃어 주고
슬픈 얘기는 울어 주고
진지하게 들어줘야 할 얘기들이네.

채송화

꿈나무 마을 정원
곱고
착한 마음으로 가꾸었으니
저리도 곱지!

그 마음 그대로 담아
빨강 노랑 분홍 곱기도 한데
오라!
하늘이 거들어 주셨네

어머니 품속처럼 포근하고
하늘처럼 넓고
바다보다도 깊은 사랑
짙게 물들어 피었네.

옥잠화

솟아오른 꽃망울
앳된 소녀의 볼때기처럼
곱고도 싱그럽네

만지면 터질 듯
이른 아침 보슬비 내려앉아
굵어진 물방울 또르르 구르는데

부픈 꽃망울 터지고 나면
아픔 견뎌온 날의 짙은 향기
온 산으로 그윽해지겠네.

누구인들 아니 그러리오

형상(形像)만 바라다보는
어둔 눈
누구인들 아니 그러리오

그리움 한 보따리
외로움 한 덩어리
괴로움 한 뭉텅이
짓눌리는 고되고 힘든 삶의 무게

형상(形像)만 바라다보는
어둔 눈이라면
누구인들 아니 그러리오

알아차리고 나니
지나가는 바람일러라
흘러가는 구름일러라
한잠 속에 이룬 꿈일러라

머무는 것은 없고
변치 않는 것도 없나니
구름 위 하늘이 본심 일러라.

둥지 떠나는 새야

맨 처음 널 만나던 날의 기쁨은
하늘보다도 넓고
바다보다도 깊었어라

사랑으로 아우르며 품으로 안고
바람 불면 날아갈세라
눈 감으면 사라질세라

애지중지(愛之重之)하던 세월은 가고
눈에서 멀어지면
밤낮으로 비는 마음 거둔 날 없었어라

이제는 새 둥지를 트는 새야
이토록 눈부시게 아름다운 세상
찬미하며 고운 노래만 불러라.

길을 따라

너 가는길
휩쓸려서 가는 길이냐
넋을 놓고 가는 길이더냐

너의 뜻대로 가는 길이거든
그 길을 바른길이라 믿을지언정
하늘에 길을 묻고 또 물어라

왜냐하면,
하늘이 인도(引導)하는 길이 아니면
길이 아닐러라.

인연(因緣)

그대와 난
우연인 것처럼 만났지요
하지만 우연은 결코 아니랍니다
우리는 꼭 만나야 했지요

노을 지면 노을 보고
별 뜨면 별을 보고
달 뜨면 달을 보고
낮모를 그대 생각했지요

그대와 나의 만남은
결코 우연이 아니랍니다
태초부터 지어진 꼭 만나야 할
소중한 인연(因緣)이었더랍니다.

숨어 오는 가을

하늘 땅의 기운이
어둠 장막 걷어 올리는 새벽

장맛비는 오락가락
빗속을 뚫는 매미울음

귀뚜라미 울음으로
토실토실 열매 익는 냄새

깊어가는 여름인가!
가을 문 스르르 열리네.

파문(波紋)

그대가
속삭이는 한마디 말일지언정
온 우주(宇宙)엔 파문(波紋)이 일고

그대의
작은 움직임에도
온 우주(宇宙)에는 파문(波紋)이 생기거니

그대의
생각, 숨소리, 손짓 발짓까지도
고스란히 자국으로 남는다네.

마리산

헐떡헐떡
흐르는 땀은 빗물이 되고
마리산 정상에 오르니
발아래로 구름이 쉬고 있네

마식령산맥 남서쪽
본래의 이름은 마리산
옛말로 머리를 이르니
우리 민족의 머리 산이었으리

단군 이어 세세 왕조
참성단(塹星壇)에 제를 올리니
하늘이 활짝 열리는 날
그날이 개천절이란다

민족의 얼
신명으로 춤을 추는 한마당
태초에 피어오른 의롭고 선한 불꽃
하늘에서 그 불을 받아 성화에 당긴다

그때 목청 돋우던 매미 울음소리
어느새 숲은 힘차게 젊어졌구나
계곡 물소리 가슴속으로 흠뻑 젖어드니
마리산의 여름은 점점 깊어만 간다

수어장대(守禦將臺)

굵어진 소나무
몸통은 붉게 살지고
잎은 배부르니 푸르다

한 시절 수난과 오욕으로 얼룩진 성곽
수어장대(守禦將臺)의 긴 숨소리
뒤따르는 통곡소리

세월은 오고 가건만
한 서린 산성엔 흔적으로 남아
세상을 굽어본다

수어장대 : (유적건조물) 조선 인조 2년(1624) 남한산성을 쌓을 때 만들어진 4개의 장대 중 하나이다. 장대란 지휘관이 올라서서 군대를 지휘하도록 높은 곳에 쌓는 대(臺)를 말한다. 수어장대는 산성 안에서 최고봉인 일장산 꼭대기에...

장마

숲으로 가봤더니
주먹만 한 빗방울이
큰 나무 꼭대기에 떨어져 산산이 부서진다

작은 나무에서 또 부서지고
가장 낮은 자리 지키는
풀잎에 이슬처럼 맺혔다가 똑똑 떨어진다

작년에 나무들이 내려놓은
사위어 가는 낙엽 속으로 스미더니
어머니 살갗에 닿았다

어머니는 그 넓은 품속으로
숱한 빗물을 다 쓸어 담고서는
꿀물처럼 서서히 내어 놓으신다

그런데
왜, 유독 사람들이 밟고 다닌 자리만
물길이 되고 움푹움푹 파인단 말인가.

천둥소리

천둥소리 크고
빗소리가 사납다
아마도
하늘이 노여우신가 보다

양심 없는 쾌락
원칙을 잃어버린 위정자
인간의 존엄을 저버린 과학 문명
사회로부터 얻은 소득을 나누려 않는 기업
희생은 없고 신神 팔아먹는 종교
땀 흘리지 않고 이루는 부자
인성을 잃어버린 교육

천둥소리 크고
빗소리가 사납다
아마도
하늘이 노여우신가 보다.

종이비행기

아직은 흠 없는 어린아이들
종이비행기를 접어 타고 날아다닌다
창문에 낀 비행기를 구하려 몸을 날린
진호가 바닥으로 떨어졌다

세상은 놀라고
천사들이 올리는 기도소리
지구촌 곳곳에서
수 만명이 하나가 되었다

진호는 몇 날 며칠을
종이비행기를 타고 돌고 돌고
간절히 구하는 마음
아버지가 알아차리셨다

터지고 깨지고 부러진
아버지의 조각품이 다시 본래의 모양으로
오! 전지전능하신 아버지
저의들은 "기적이라." 라고 말합니다.

알아차림

푸른 하늘처럼 맑고 티 없어라
그러니 알 것도 모를 것도 없고
만물은 그 안에 깃들어 있구나
현실과 존재를 만들고 지나간 것마저 꼭 붙들고 있다
투명한 지성으로 스스로 알아차린다
마음은 비어 있는 지성이다
하지만 공간은 허공일 뿐
세상의 피상적인 형상은 실체가 아니다
무상한 것이니 영원한 것은 없다
마음에서 잠시 일어났다가 사라져 가는 물거품 같은 것
옳으니 그르니 가르려 말라
산과 나무
바다와 파도
마음과 형상
이 모두는 둘로 나뉜 것이 아니다
계곡물 시냇물 강물 바닷물이라 이름 하지만
그저 물일뿐이잖느냐
언제 어디서나 스스로 맑아지고 흐려짐을
알아차린다면 운명은 분명히 바뀐다

마음을 찾아서 온 우주를 샅샅이 뒤지고 다녀도 거기엔 없다
삶도 죽음도
스스로 밝음도 어둠도
늘 함께하고 있건만 알아차리지 못하는구나
경전을 성경을 읽고 꾀고 쌓아둔다 한들
이르는것은 '그것이 이것이다.'
오직 한 가지 "사랑으로 나누어라."라는 진리를
어서 알아차리고 자유로워져라.

파문(波紋)

그대가
속삭이는 한마디 말일지언정
온 우주(宇宙)엔 파문(波紋)이 일고

그대의
작은 움직임에도
온 우주(宇宙)에는 파문(波紋)이 생기거니

그대의
생각, 숨소리, 손짓 발짓까지도
고스란히 자국으로 남는다네.

기도(祈禱)

신(神) 이시어!
하루가 열리는
이 순간을 지극(至極)한 마음으로
감사하나이다

나의 생각과 말과 움직임이
누리에는 도움이 되게 하시고
신(神) 에게는
찬미(讚美)의 노래가 되게 하소서.

군상(群像)

하늘이 지어
세상으로 보내니
천진 덩어리
어느 꽃이 그리도 예쁠 수 있을까
눈이 부시도록 고왔던 형상
그토록 고왔던 형상이

흐르는 세월(歲月)
주섬주섬 끌어안기만 한 짐
짓눌리는 무게
비틀거리는 몸뚱이
무리지은 형상(形像)
구르는 돌밭이 되었네.

선암사(仙巖寺) 마음 밭

여각(旅閣)의 작은 뜰
계곡(溪谷)의 물소리 스며들고
돌멩이로 경계 지어 만들어 놓은 꽃밭

봉선화
채송화
맨드라미
백일홍 꽃
비에 젖은 채로 곱구나
하얀 나비 한 쌍
춤을 추며 하늘로 오르고

선암사(仙巖寺)!
찰나를 접어 천 년을 훌쩍 넘기는
고요한 마음 밭이로구나.

고목

숱한 세월 접는 동안
좋은 날도 있었겠지만
모진 비 바람으로 꺾이고 찢겨도
굳세게 지켜온 자리

나무야!
너의 넓은 그늘에서
길 떠나는 고단한 나그네
땀 식히며 잘 쉬었다가 간다.

길 위에서

이 길은 너나 나나 갈 길
이 길은 너나 나나 가는 길
이 길은 너나 나나 온 길

임이 오신다기에
반갑고 기쁘고 고마워서
주저앉아 기다리네

서두름일랑은 말고
길 따라 널어놓은
빛 조각 사뿐사뿐 밟으며 오소서

길 위에 서 있으니
님이 지어 놓으신 이 길을 따라
나들이인 양 곱게 오소서,

인과법칙(因果法則)

자연의 법칙 안에서
올 것은 오고 갈 것은 갔습니다
마음 간 만큼 행하고
행으로 지어진 만큼 받을 것입니다

누구든지 자기가 아는 만큼 생각하고
생각하는 만큼 행하며
행한 만큼만 지어집니다

그러니 자신이 생각하고
자신이 행한 것으로 잃고 또 얻는다는 것을 안다면
무엇을 걱정하고
무엇을 두려워할 것입니까

일생을 사는 동안
아무것도 걱정하지 말고
아무것도 두려워하지 마십시오

지극한 도(道)는 어렵지 않으니
이것저것 분별하는 마음을 지운다면
산다는 것은 그리 어려운 게 아닙니다
잘 놀다 가야 하지요.

더불어 가는 길

풀 한 포기
모래 한 톨
나무 한 그루
사랑으로 지으신 아버지의 마음

하물며, 들짐승 날짐승
하찮은 벌레 한 마리도
살아 있는 것이라면
날 위해 지으신 아버지의 마음

그러니,
모두가 사랑으로 더불어 가야 하는 길동무
온 하늘과 땅
아버지의 숨결 속에 내가 있네

언젠가
지어진 형상 허물어지는 날
내 아버지 '오라' 부르시는 날
온전히 되돌려 놓고 그 품속으로 안기리.

가뭄

왜, 하늘은 모른척하지
우거진 숲 속 나무들의 목 마름

왜, 하늘은 모른척하지
푸른 들판 풀잎들의 목마름

산과 들의 온갖 나무와 풀들이
목이 말라 하늘만 쳐다본다

어! 비가 온다
꿀보다도 더 단 단비가 내린다

먼지 펄펄 날리던 땅이 젖어들고
산과 들이 활짝 웃는다

하늘은 착하고 고마운 요술쟁이
하늘은 멋지고 신비한 요술쟁이.

뭘 찾소

뭘 찾소
그리 미친 듯이 찾고 있는 것이 무엇이오
혹시, 이것이오
그럼, 저것이오
이것도 저것도 아니면 무엇이란 말이오

오호라
재물(財物)을 잃어버리셨구려
그렇다면 허상(虛像)을 찾기에 혈안(血眼)이 되었구려
'귀한 몸 상할라'
그대 아버지는 근심하고 계시오

뭘 찾소
아니, 그리 미친 듯이 찾고 있는 것이
집 나간 강아지였단 말이오
그대 '귀한 몸 상할라'
그대 아버지는 근심하고 계시오

보시오
시방 그대가 먼저 찾아야 할 것은 어진 마음이오
아버지가 그대 곁에 두고 가신 평화(平和)를 가져요
그대의 본래 어진 마음을 찾아 평화가 오거든
평화(平和)를 꼭 끌어안으시오.

법문

교리을 두어 시간 듣고 나니
선사가 중생에게
“궁금한 것 있거든, 물으라.” 하네
들은 시간보다도
궁금한 것 묻고 대답한 시간이 더 많다

오랜 가뭄에 갈증으로 타들어 가던 대지
소낙비 한 자락으로 촉촉이 젖어들고
사찰의 문지방 너머로 펼쳐진 숲 머리 위로
점점 굵어지는 빗줄기
묵은 흠을 깨끗이 씻겨 내린다

그대는 왜, 빗소리만 듣는가
새 울음소리만 듣는가
오호라!
자작 이는 빗소리가 법문이로구나
새소리가 그대로 법문이로구나.

예쁘신 할아버지

낯선 역에서
길을 찾느라 잠시 허둥대고 있었지요
인자하신 할아버지가 조용히 다가오시더니
사랑이 담긴 말을 건네 왔어요
"어디를 찾으시지요?"
"예, 아트홀요."
"저편 일 번 출구로 가세요."
"고맙습니다."
할아버지가 전하는 사랑이
참 고맙고 아름답습니다
'할아버지, 건강하시고 기쁨으로 가득하세요.' 라고
기도했네요.

별

새벽이오면
이슬 더불어 스러졌다가
밤이면 보석처럼 빛나는 별

산다는 것은
순간순간이
반짝반짝 빛나는 별

하루 하루가 더해지고
일생을 이루나니
일생인들 반짝이는 별인걸.

제4부
여정(旅程)

사랑으로 지어지는 만물(萬物)

하늘, 땅, 물, 빛, 바람
세상의 온갖 것을 도구로 삼아
풀 한 포기 나무 한 그루

산에 사는 노루랑 예쁜 꽃사슴
귀여운 다람쥐랑
산짐승 들짐승 집짐승

하늘을 자유롭게 나는
산새 들새 텃새랑
온갖 새들

너나 나나 모두를
조화롭게 지어 놓으시고는
"참 보기 좋다." 하셨거늘

왜, 아끼려 않는가
왜, 하찮게 여기는가
왜, 어머니 품속을 함부로 파헤치는가

함께 가야 할 운명(運命)이거늘
오고 감이 끝이 아니거늘
인과법칙(因果法則)은 어긋남이 없네

그날이 오면 희망(希望)은 있네
먼눈이 활짝 트이는 날
먼 귀 먼 입이 열리는 그날.

유월의 영혼

불나비처럼 몸을 살라
나라를 지킨 붉은 꽃

검붉은 피처럼
그때 흘린 뜨끈뜨끈한 피처럼

눈 시린 푸른 빛깔 속에
붉은 장미로 흐드러져

우리 사는 울타리
곱게도 수를 놓았구나

송이송이 붉은 넋이여!
오! 눈 아리도록 푸른 넋이여!

경계(境界)

그믐밤 깊어지니
하늘 땅 경계 사라지고
하늘과 바다의 경계마저도

밤은 깊어 가건만
땅은 왜 잠 못 이루는가
휘황한 불빛 요란하고

바다는 왜 잠 못 이루고
숨소리는
자꾸만 거칠어지는가

땅은
그리고 바다는
누구를 위하여 잠 못 이루는가

하늘 땅 바다의
경계는 어디인가
모두가 분별의 파장이네.

여정(旅程)

밖으로 나섰지요
얼굴 스치는 바람 매서운데
하늘은 맑고 깨끗합니다
시방 하늘을 보고 있습니다

길을 가지요
옷깃 파고드는 바람 시린데
등에 닿은 햇볕은 따뜻합니다
시방 따뜻함을 느끼고 있지요

단 한 번뿐인 여정(旅程)
하늘을 보고
따스함 품은 채로 가다 보니
행복의 땀 송골송골 맺힙니다.

한마음

별이 하도 고우니
오늘도 봄을 맞으러 나섰지요

아이 어른 할 것 없이
모두 봄을 맞으러 나온 걸 보고 깜짝 놀랐어요

누구나 한마음이로구나
봄 맞으러 나왔다가 알아차렸지요

꽃망울 굵어지는 목련 나뭇가지도 올려다보고
쪼그리고 앉아 잔디에 박힌 여린 풀싹도 보았습니다

물밀 듯이 밀려오는 봄 동무들입니다.
모두가 한마음이었어요.

어머니

"어머니!,"
그저, 바라만 봐도
자취만 있어도
마냥 좋으니

세상 걱정도 근심도
두렵지도 않으니
무섭지도 않으니, 요술 품 속입니다
아쉬울 게 없었습니다

그런 엄마가
그런 어머니가
내겐 이 세상 어느 곳에도 아니 계시니
가슴이, 가슴이 텅 비었습니다

왜 울컥울컥 치밀어 오르는지
눈은 흠뻑 적셔져 눈앞은 어른거리고
부드럽고 고운 미소
어머니! 금방이라도 날 꼭 끌어안아 주실듯합니다

생각만 해도 온몸이 눈물로 젖어드니
내 어머니 자애로운 모습
허공으로 그려지는 흔적 잡으려니 허우적댑니다
어머니…

새벽 비

새벽 비가 내립니다
산으로 가려는데 우산이 없어도 괜찮을 것 같습니다
매일 새벽이면
오라! 오라 하는 숲 속의 바다로 갑니다

산에 사는 산새들
산에 사는 산짐승
풍요로움으로 한결 여유롭고
울음도 자비롭고 곱습니다

두견새가 울음 웁니다
휘파람으로 흉내를 냅니다
장단이 척척 잘도 맞습니다
둘이 하나가 되었습니다

숲 속에 떨어지며
자작 이는 빗방울 소리
하루를 살아갈 양식입니다
참 고마운 양식입니다

흐드러졌던 아카시아 꽃잎이
빗방울에 맞아 맥없이 툭툭 몸을 내립니다
그 자리엔 옛적 어머니가 술밥을 쪄서 널어 놓은듯합니다
참 배부르고 좋은 계절입니다.

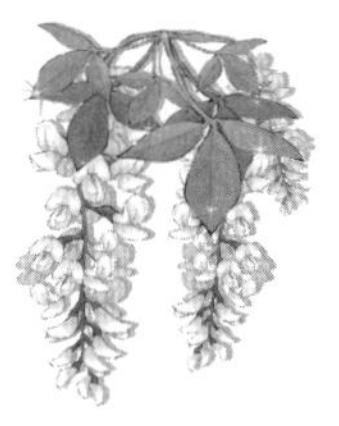

풍경(風磬)

풍경소리 들린다
누가 졸고 있나 보다

풍경소리 들린다
누가 단단히 끌어안고 있나 보다

깊고도 넓은 망망 하늘에 덜렁 물고기 한 마리
사는 건 외로움인가보다

풍경소리 들린다
집착하지 마르란다

풍경소리 들린다
노여워하지 마르란다

서로 의지하고 또 나누고 보듬으며 살다 보면
그런대로 살만한 게 세상이더란다

풍경소리 들린다
어서 깊은 잠에서 깨어나란다.

성역(聖域)

성스러워서
온 백성으로 하여금
믿음 주고 공경 받아야 할 영역

거기 연루된 착한 백성의
표정이 사나워졌다
왜 저토록 노여워할까

금융감독원을
왜, 순한 백성은 "금융강도 원"이라고 할까
왜, 감사원을 "도둑놈 집단"이라고 할까

불의를 보고 세상이 눈을 감으면
정의는 사라지고
불의가 세상을 지배하게 된다지

그들이 아마도 잠시 눈이 멀어
본분을 잊고
착한 백성이 보이질 않았었나 보다

마음 밭

순간이
멀고 긴 듯한 여정이요
멀고 긴 듯한 여정이
순간이더라

오월의 싱그러운 숲은
하늘의 참사랑일세
찔레꽃 아카시아 꽃 하얗게 피어
향기 짙게 배고

이새 저 새
온갖 잡새들의 노랫소리
그토록 푸르고
곱디고운 숲을 노래하네

여보게! 그 고운 숲으로 가보게
어느새 번거로움은 사라지고
그대 마음에도 꽃피고 새 울고
그윽한 향기 짙어질걸세.

빈부(貧富)

가난, 가진 게 없는 것이 아니라
더 가지려는 채울 수 없는 욕망(欲望)

가지고도 나눌 줄 모르며
나를 붙들고 있는 완고(頑固)한 마음

부자(富者), 언제든 짬이 있고
건강(健康)하며 텅 비워진 마음

시방 가진 것으로 넉넉한 줄 알며
무엇이든 나눌 수 있는 마음이지요.

동무 생각

은총의 선물
어둠엔 은하수별이 되고
또 밝은 달빛으로
그림자 세워 인도하는 길

고맙고 참 고맙고
그리움으로 눈시울 젖어드는데
해 넘는 노을에
동무 생각 가득하네

가득한 마음도
고요함으로 다소곳해진 몸도
눈을 감으니 들리네
들고 나는 숨소리.

다시 피는 꽃

눈을 지그시 감아도 훤히 보이는
참 곱고도 우아한 꽃송이

만 리를 떨어져 있어도
순 바람에 실려 오는 님의 짙은 향기

오고 가시는 곳마다
가슴에서 가슴으로 고이 심으신 꽃씨

온 세상 곳곳으로 흩어지니
영원히 시들지 않는 꽃이어라

꽃씨 심어진 가슴 가슴에서 피어오르는
바람 타고 흐르는 짙은 향기여라.

농부(農夫)

낫 놓고 기억 자를 모른다
꼭 알아야 할 이유도 없다

더 많이 가질 일도 없고
돌아간들 이름을 남겨 돌에 새길 일도 없다

하늘의 뜻을 따르고
순리(順理)를 거스르지도 않는다

하루 하루살이가 하늘 땅에 이로우니
근심할 일도 없고 노여울 일도 없다

도적질한 국회의장(國會議長)처럼 부끄러워할 일도 없고
그러니 아쉬울 것도 없다

오직,
풀 한 포기 낱알 갱이 하나하나가 귀하디귀할 뿐

긴긴 겨울밤에는
논밭을 갈고 씨 뿌리고 알곡 거두는 꿈을 꾼다.

새벽으로 오는 봄

날은 밝아 오고
귀 기울이니 까치가 울어 댄다
반가운 손님 오시려나

아마도 봄을 싣고 오는 바람일 듯이
구름일 듯이
뽀얀 안갯속으로도

흠 없는 새봄은 그렇게 바람을 타고
꽃 구름에 실려
뽀얀 안갯속으로 묻혀서 오시나 보다.

아버지

가슴에 찬바람 들어 시린 날
하늘 계신 아버지 그리워라

늘 내어 주시던 쓴 것은 단것이었고
참사랑이었어라

늘 외면하고 구한 단것은 쓴 것이었네
참 어리석음이었어라

접힌 세월 들춰 보니
쓴 것이 단것인 줄 알았니라

단것이 쓴 것이고 쓴 것이 단것인걸
그리움으로 알았니라.

산다는 것

죽고 산다는 것이
어디 몸뚱어리뿐이랴

마음도 더불어 죽고 사네
마음이 기쁘면 몸뚱어리도 따라 기쁨일러라

좋은 것 편한 것만 쫓는 몸뚱어리
지나치고 넘치니 무너지고 병들더라

채워도 채워도 채울 수 없는 욕망(慾望) 덩어리
모양만 살아 있은들 무슨 소용

거짓 꿈이요
허깨비일세!

나보다 너를 더욱 섬기고 보듬으니
차고 넘치는 기쁨 강물처럼 흐르네.

노란 꿈 터

노란 집에 들어
노란 대문에 기대고 서서 창 밖을 보았죠

볕 좋은 창 밑에
예쁜 화분에 담긴 빨간 꽃

거만하고 방일(放逸)한 모양으로
비스듬히 앉은 곰 인형

등 뒤에서 소곤거리는
천사들의 정겨운 얘기소리

창문 넘어 든 햇살이
어찌나 어찌나 고운지

"나 좀 봐요,
여기 햇살 좀 보셔요."

"하! 참 곱다.
참 고운 볕이네."

검은 소년 곰 소녀 곰 꾸벅꾸벅
걸상에 걸터앉은 채 졸고 있다.

하늘이여 바다여

흐르는 것을 따라서 가라
마침내 큰 바다로 이르리니
낮은 곳이 좋아서 바다가 되었더란다

헤아릴 수 없는 큰 몸 분별의 벽이 없으니
구름도 지나다 쉬어 가고
하늘도 내려와 편안히 쉰단다

그러니, 바다가 하늘이 되고
하늘이 바다가 되어
한 덩어리 한몸이 되었더란다.

한 생

어디서 왔는지 홀로 왔다가

어디로 가는지 홀로 가다가

어디로 갔는지 홀로 가셨소.

봄 동무

등 뒤로 새벽이 열리는 소리
흐릿한 어둠이 물러가네

마음 가지런히 다듬으며
밀려오는 평화의 주름진 물결

남녘으로 와서 서성거리는 봄
예쁘고 사랑스러운 내 봄 동무랑

금잔디에 박힌 제비꽃 피어나고
노란 민들레 곱게 피어오르는 날

봄이 오는 먼 먼 들녘으로
내 마음 훨훨 날아 가고 있네.

시평

마음, 쉬어가는 자리

자원(慈元) 손숙기

마음, 쉬어가는 자리

자원(慈元) 손숙기

그의 시를 읽고 있으면 왕 소나무 밑
바람 부는 언덕에 앉아서 솔향을 마시는 느낌이다.

신은 오직 "서로 사랑하라." 신다. 이 세상에 내 것은 아무것도 없다 한다. 우리 몸뚱이도 내가 아니다. 인연 따라왔다가 인연 따라갈 뿐이다.

그저 구름처럼, 시냇물처럼 흘러갈 뿐이다.
모두 자기의 육신을 위해 열정과 정성을 쏟아 붓지만,
몸을 내 것으로 생각하고 애쓰는 것은 착각일 뿐이다.
세상에는 내 것이란 없다.
자식이, 내 몸이, 아내가, 내 것이라 알면 착각이다.
오로지 잠깐 빌려 쓸 뿐이라는 것이다.

어떤 이가 결핵을 앓고 있었는데 6개월밖에 못 살겠다는 진단을 받았다. 요양 중에 하상 시집을 책상 위에 놓고 마음에 새기며 즐겨 매일 읽더니 시한부라는 말이 없어질 만큼 건강이 좋아졌다고 한다. 마음을 다스리니 몸속의 균형을 잃었던 세포도 제자리를 찾아가기 때문인가 보다.

순리를 따라 살면 마음이 평온하여 병은 저절로 낫는가 보다.

부모가 자식에게 주고 싶은 마음은 하늘이 우리에게 주시는 마음과 같다.

한도 끝도 없이 주고 바라는 것이 없는 것처럼

그는 세상 모든 일에 감사하고 사랑으로 감싸 안는다

추운 날 사과장수 아저씨에게도, 떡방아 간 집 일손에, 버스기사에게, 경비원에게, 푸근하게 웃어 주는 동네 아줌마에게도 스쳐 지나 가는 인연에게도 모두 감사한다.

봄날 따스한 햇볕에, 여름날 바람결에 흔들리는 나뭇잎에

가을날 고운 색으로 물드는 낙엽에, 겨울날 눈꽃 핀 산야에 감사한다.

그저 매사에 감사한다.

스치는 바람에도, 흘러가는 구름에도, 굽이굽이 흐르는 시냇물에도 파란 하늘에도 어두운 하늘에도 감사한다

눈송이를 현미경으로 보면 참 아름답다. 우리가 잘 볼 수 없는 미세한 곳까지 세상을 만들어주신 창조주께 감사한다.

푸근한 마음이 담긴 그의 시를 보면 밤새워 한 권의 시집을 다 읽게 하는 신비한 마력이 숨겨져 있다.

"피할 수 없으면 끌어안고 즐겨라."

그는 심신건강관리, 심리상담사, 리더쉽지도사이며 웃음치료사이다.

그는 누구나 처한 상황에 맞게 편안한 마음을 갖게 하는 방법을 알며, 심리적으로 들뜬 마음을 가라앉힐 줄 안다.

도교, 유교, 불교, 기독교, 천주교의 교리에 해박한 그는 시를 읽는 이의 마음을 정화해주고 고요하며 평화롭게 한다.

즐거운 마음과 기쁨 평화가 있는 곳에 희망이 있고 화합이 잘 이루워 진다.

조직에서 인화단결의 근본인 화합만 잘 이루어 지면 일은 저절로 좋은 성과를 거두게 된다고 한다. 그런 조직의 마음엔 내가 없다. 오직 서로 사랑하는 마음뿐이다.

욕심 없는 그의 마음이 담긴 시 한 편을 소개한다

자아(自我)

어디를 갔느냐?
묻지도 말라

어디에 있느냐?
찾지도 말라

나는 본래부터 없었다
잠시 길을 잃고 헤맸을 뿐이다.

그래서 기쁘고 노엽고 슬프고 즐거웠었다
오직 사랑이다

나를 찾지 말라
나는 없다

나를 내려놓으니 무상의 세계에서 욕심이 없어지고 끌어안은 것이 없으니 몸과 마음이 새 털처럼 솜처럼 가볍다.

오직 사랑으로 가득할 뿐이다.
그래서 그의 시는 한없이 편안하다.
그리고 고요하고 평화롭다.

마음, 쉬어가는 자리

초판 2쇄 2012년 10월 15일
초판 발행 2012년 10월 19일

지은이 하상 신영학
펴낸이 양상구
웹디자인 김태완
펴낸곳 도서출판 **채운재**
주소 100-861 서울시 중구 충무로2가 49-8
(서울빌딩 202호)
전화 02-704-3301
팩스 02-2268-3910
손전화 010-5466-3911
이메일 ysg8527@naver.com
정가 12,000원

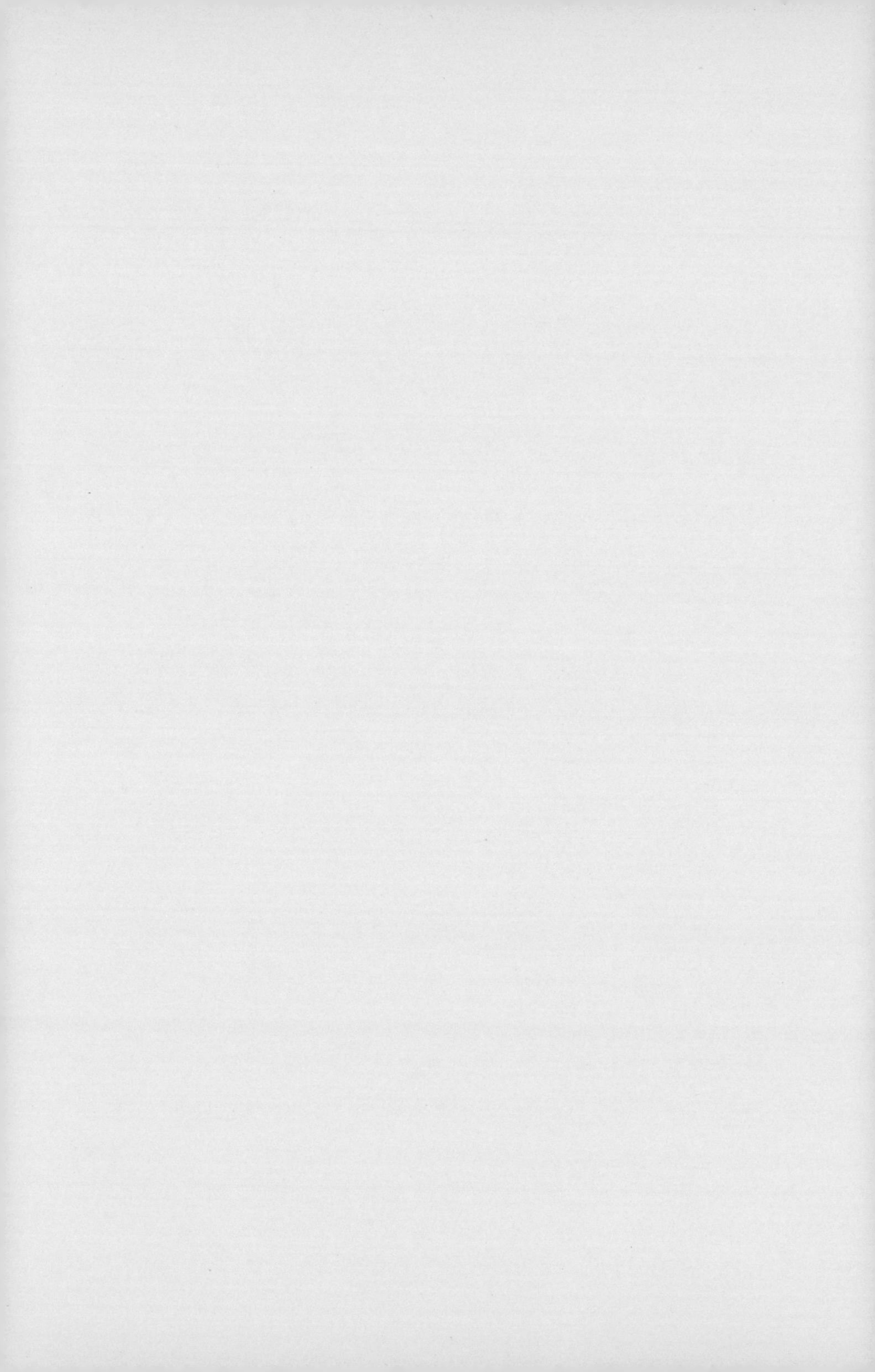